LA
DEMOISELLE A MARIER,

OU

LA PREMIÈRE ENTREVUE,

COMÉDIE-VAUDEVILLE EN UN ACTE,

DE MM. SCRIBE ET MÉLESVILLE ,

Représentée pour la première fois, à Paris, sur le théâtre du Gymnase-Dramatique,
le 18 janvier 1826.

DISTRIBUTION DE LA PIÈCE.

M. DUMESNIL................................... M. DORMEUIL.
Mme DUMESNIL................................. Mme JULIENNE.
CAMILLE, leur fille............................. Mlle JENNY-VERTPRÉ.
ALPHONSE DE LUCEVAL, prétendu de Camille....... M. PAUL.
DUCOUDRAI, ami de M. Dumesnil.................. M. NUMA.
BAPTISTE, domestique de M. Dumesnil............. M. KLEIN.

La scène se passe en province, dans la maison de M. Dumesnil.

Le théâtre représente un salon de campagne ; porte au fond, deux latérales, sur le premier plan ; sur le dernier plan, deux autres portes latérales, dont l'une, la porte à gauche de l'acteur, est celle de la salle à manger, et l'autre celle d'un appartement.—A gauche du spectateur, une table et tout ce qu'il faut pour écrire ; du même côté, une harpe et des livres de musique.—A droite, un petit guéridon sur lequel se trouvent du canevas, de la broderie, et autres ouvrages de femme.

SCÈNE I.

Mme et M. DUMESNIL ; le mari est en robe de chambre et la femme en habit du matin*.

M. DUMESNIL.

Oui, ma chère amie, ce n'est qu'à dix heures qu'il doit venir... ainsi ne vous pressez pas.

Mme DUMESNIL.

Comment! ne pas me presser ?... une affaire de cette importance .. à peine ai-je eu le temps de tout disposer... de tout ordonner dans la maison.

M. DUMESNIL.

Ma femme, ma femme! vous allez faire trop de préparatifs, et aux yeux de M. de Luceval ça aura un air de cérémonie.

Mme DUMESNIL.

Du tout, monsieur ; vous pouvez vous en rapporter à moi... Mais, quand il y aurait un peu d'apparat, où serait le mal ? le jour où l'on attend un gendre... un gendre !... ce mot-là est si doux pour une mère !... et quel plaisir j'aurai à dire : Mon gendre, donnez la main à ma fille... mon gendre, asseyez-vous là !

M. DUMESNIL.

Justement, c'est qu'il ne faudra pas dire cela.

Mme DUMESNIL.

Pourquoi donc ?

M. DUMESNIL.

C'est qu'il n'est pas encore notre gendre.

Mme DUMESNIL.

Puisqu'il se présente aujourd'hui... puisque c'est la première entrevue.

M. DUMESNIL.

Peut-être sera-ce la dernière, si nous ne lui convenons pas... Cependant, d'après ce qu'on m'a dit du jeune homme, je t'avouerai que j'ai bon espoir.

AIR : Du partage de la richesse.

Il est seul et n'entre en ménage
Que pour avoir des amis, des parens.

* Les acteurs sont placés en tête de chaque scène comme ils doivent l'être au théâtre ; le premier inscrit tient la gauche du spectateur, et ainsi de suite. — Les changemens de position dans le courant des scènes sont indiqués par des notes au bas des pages.

Mme DUMESNIL.

Voyez, pour lui quel avantage!
Nous sommes sept en comptant nos enfans,
Il ne tient pas à la naissance.

M. DUMESNIL.

D'un bon bourgeois je suis le fils.

Mme DUMESNIL.

Il ne tient pas à l'opulence.

M. DUMESNIL.

Depuis vingt ans je suis commis,

Avec de bons appointemens, il est vrai, mais ce n'est pas une fortune.

Mme DUMESNIL.

Il est de fait que, sous tous les rapports, c'est pour lui un mariage superbe... et puis notre fille Camille est si douce, si aimable... de l'esprit, des talens... et, pour ce qui est d'être bonne ménagère, elle a été élevée par moi... c'est tout dire... et il n'y a personne qui nous vaille, à dix lieues à la ronde, pour l'ordre, l'économie et les confitures de groseilles.

DUCOUDRAI, en dehors.

La la... ma bonne Grisette... non, non, ne lui ôtez pas la bride... je repars dans l'instant.

M. DUMESNIL.

C'est notre cher Ducoudrai, que nous n'avions pas vu depuis trois jours... l'ami de la famille.

Mme DUMESNIL.

Et le parrain de Camille... il faut lui faire part de cette bonne nouvelle : lui qui, depuis un an, se donne tant de mal pour nous trouver un gendre... il va être enchanté.

SCÈNE II.

LES MÊMES, DUCOUDRAI*.

DUCOUDRAI, en bottes et la cravache à la main.

AIR : Viennent les amours.

À travers les champs et les bois,
De l'amitié n'écoutant que la voix,
J'arrive en chevalier courtois,
Et n'ai, je crois,
Embourbé qu'une fois.
Depuis que nos municipaux
Font réparer les chemins vicinaux,
Le trajet devient des plus beaux,
On n'en a plus qu'au ventre des chevaux.
À travers les champs, etc., etc.,

M. DUMESNIL.

En effet, te voilà en courrier.

DUCOUDRAI.

Je suis comme cela, moi, toujours en poste, quand il s'agit d'obliger mes amis ; et j'apporte de bonnes nouvelles... des nouvelles de mariage.

Mme DUMESNIL.

Nous allions vous en parler.

*Mme Dumesnil, Ducoudrai, M. Dumesnil.

DUCOUDRAI.

C'est ça, vous parlez... et moi j'agis. Tu sais mon vieil ami, que nous ne nous sommes jamais quittés, et que déjà, dès le collége de Montereau, nous faisions des châteaux en Espagne, pour nous et pour les nôtres... Nous étions millionnaires, sénateurs, généraux d'armée, et nous épousions des duchesses... Il est arrivé de tout cela que tu as épousé une bonne bourgeoise, que je suis resté garçon ; et, quant à la fortune, que nous avons tous les deux une bonne place dans l'enregistrement, et que nous n'en sommes pas plus malheureux... n'est-il pas vrai ?

M. DUMESNIL.

Non! morbleu!

DUCOUDRAI.

Moi surtout, qui, comme garçon, dîne toujours en ville ; qui vais à mon bureau dans la semaine, à la chasse le dimanche, et qui mène, quoique citadin, la vie d'un gentilhomme campagnard... c'est là mon bonheur, et je n'en veux pas d'autre... Mais ces idées d'ambition que je n'ai plus pour moi, je les ai conservées pour les enfans, pour Camille, surtout, que je regarde comme ma fille ; car je n'ai point oublié que je suis son second père, son parrain... et comme, grace à mes habitudes un peu dépensières, il m'était plus facile de lui donner un mari que de lui donner une dot, depuis un an je me suis mis en campagne, et d'aujourd'hui seulement j'ai réussi.

Mme DUMESNIL.

Que dites-vous ?

DUCOUDRAI.

Que vous n'avez pas perdu pour attendre... un parti superbe... parce que moi, quand je me mêle de quelque chose... j'y ai un zèle, une adresse... en un mot, c'est le fils de notre inspecteur-général.

M. DUMESNIL.

Ah mon Dieu! monsieur de Géronville!...

DUCOUDRAI, lui montrant une lettre qu'il tire de sa poche.

Il te demande ta fille en mariage... et voici la lettre que j'apporte... Tenez, tenez, mes amis... Eh bien! qu'est-ce que vous avez donc?... moi qui croyais que vous alliez me sauter au cou, et qui craignais d'avance les effets de la suffocation.

M. DUMESNIL.

Mon cher ami, mon bon Ducoudrai!... nous sommes bien sensibles à ton amitié... mais nous avons un autre parti en vue.

DUCOUDRAI.

Un autre parti!... Est-ce qu'il peut valoir le mien?... Le fils de M. de Géronville, notre inspecteur.

AIR du vaudeville du Charlatanisme.

Le chef de l'enregistrement!
Te voilà dans ses bonnes graces...

M. DUMESNIL.

Oh! je n'en demande pas tant.

DUCOUDRAI.

Eh quoi ! tu ne veux pas de places ?

M. DUMESNIL.

Point de faveurs... mais seulement
De la justice...

DUCOUDRAI.

Quel caprice !
Songe donc que précisément
En fait de places... c'est souvent
Une faveur que la justice.

Mme DUMESNIL.

Mais notre gendre n'en a pas besoin... trente
mille livres de rente et un beau château.

DUCOUDRAI.

Ça n'est pas possible.

Mme DUMESNIL.

C'est ce qui vous trompe.

DUCOUDRAI.

Fortune mal acquise... quelque nouveau par-
venu... (D'un air piqué.) Du reste, vous êtes bien les
maîtres ; vous ferez ce que vous voudrez... Qu'est-
ce que ça me fait, à moi ? Camille est votre fille.

M. DUMESNIL.

Eh bien !... vois un peu ce que c'est que l'a-
mour-propre... Toi, le meilleur des hommes !
toi, notre ami intime ! te voilà fâché que ma fille
fasse un superbe mariage ; et pourquoi ?... parce
qu'il n'est pas de ton choix.

DUCOUDRAI.

Moi ?...

M. DUMESNIL.

Mais nous allons parler de cela dans mon cabinet... je ne veux pas que devant Camille il soit
question de rien... Toi surtout, ma femme, ne la
préviens pas de l'arrivée de M. de Luceval ; il ne
veut pas être connu, et je lui en ai donné ma parole.

DUCOUDRAI.

A merveille... Il paraît que le jeune prince veut
garder l'incognito ? C'est charmant... des manières
de grand seigneur.

M. DUMESNIL.

Eh non !... c'est au contraire pour en agir plus
simplement qu'il doit se trouver ici par hasard, et
pour marchander quelques arpens de terre.

DUCOUDRAI.

Encore mieux... c'est un petit roman qui com-
mence... il paraît que votre gendre futur est un
jeune homme à sentiment.

M. DUMESNIL, l'emmenant.

Tiens, tu as beau dire, tu es piqué contre lui.

DUCOUDRAI.

Moi ! si l'on peut dire...
(On entend la ritournelle de l'air suivant.)

Mme DUMESNIL.

Et partez donc, car voici ma fille.
(Ils entrent par le cabinet à gauche.)

SCÈNE III.

CAMILLE, Mme DUMESNIL.

CAMILLE, avec un petit panier dessous le bras.

Air de la valse de Léocadie.

L'amour,
Un jour,
Te prendra, Nicette ;
L'amour,
Un jour,
Te jouera d'un tour.
Jusqu'ici, coquette,
Tu te ris de nous ;
Bientôt ta défaite
Nous vengera tous.
L'amour,
Un jour, etc.

J' rirai bien, j'espère,
S'il a ce pouvoir !
Tu pleur'ras, ma chère ;
C'est c' que j' voudrais voir.
Vraiment,
Comment
Craindre sa colère ?
Vraiment,
Comment
R'douter un enfant ?

Mme DUMESNIL.

Eh ! mais d'où viens-tu donc ?

CAMILLE.

De la ferme, où j'ai déniché des œufs, et j'en ai
plein ce panier, où ils sont tout chauds... comme
c'est gentil... tiens, maman.
(Elle le pose sur la table.)

Mme DUMESNIL, à part.

A merveille, cela servira pour mon déjeuner...
(Haut.) Mais courir ainsi dès le matin... au soleil,
pour se gâter le teint.

CAMILLE.

Oh ! je n'y tiens pas... c'est si amusant de courir
dans la campagne, par une belle matinée de prin-
temps... J'ai respiré le bon air ; j'ai cueilli des
bluets... et j'étais heureuse... je ne sais pas pourquoi... mais enfin, je me trouvais heureuse.

Mme DUMESNIL.

De sorte que tu ne désires rien ?

CAMILLE.

Rien, que de rester auprès de toi, auprès de mon
père, et de ne jamais vous quitter... je viens d'a-
voir un si grand bonheur. Imagine-toi, maman,
qu'en arrivant à la ferme, j'ai demandé une jatte
de crème, et un grand morceau de pain bis.

Mme DUMESNIL.

Comment ! est-ce que tu aurais déjeuné ?

CAMILLE.

Juste... c'est si bon du pain bis et de la crème.

Mme DUMESNIL, à part.

Ah mon Dieu ! et ce jeune homme qui va arriver... quelle mine fera-t-elle à table ! (Haut.) Je vous demande de quoi vous allez vous aviser ?

CAMILLE.

Tu as peur que ça ne me fasse mal ; mais, sois tranquille, je vais faire d'ici au dîner une promenade à âne... déjà j'ai donné mes ordres.

Mme DUMESNIL, à part.

Il ne manquait plus que cela... s'en aller au moment où son futur... (Haut.) Non , mademoiselle, vous resterez; je le veux... Mais, comme te voilà faite!... Pourquoi n'as-tu pas mis une robe qui aille mieux que celle-là?

CAMILLE.

A quoi bon ?... c'est celle de tous les jours... et vous m'avez dit qu'il ne fallait pas être coquette.

Mme DUMESNIL.

Tu as raison... c'est-à-dire cependant... il y a des occasions... Dis donc, Camille, on a porté dans ta chambre une robe rose que tu devrais bien essayer, pour que je voie comment elle te va.

Air du vaudeville des Amazones.

En même temps, si j'étais à ta place,
Moi je mettrais tes souliers de satin ;
Ils vont si bien... ils donnent de la grace.

CAMILLE, étonnée.

On attend donc du monde, ce matin ? (bis.)

Mme DUMESNIL.

Non pas vraiment... mais vous devez m'entendre ;
En général, je vous fais observer
Qu'à dix-sept ans on doit toujours attendre ;
On ne sait pas ce qui peut arriver.

CAMILLE.

Qu'est-ce qu'il va donc m'arriver ?... Je ne sais pas ce que maman a ce matin.

SCÈNE IV.

LES MÊMES, BAPTISTE*.

BAPTISTE.

Madame, madame...

Mme DUMESNIL.

Qu'est-ce que c'est ?

BAPTISTE.

Monsieur vous demande tout de suite... tout de suite... il ne peut trouver son jabot brodé.

Mme DUMESNIL.

Là ! je l'avais mis à côté de ses bas de soie... Mais M. Dumesnil a une tête... je vais lui donner ce qu'il faut ; car en causant avec ce Ducoudrai, il aura tout bouleversé.

CAMILLE, à part.

Et mon père aussi qui fait une toilette !..

BAPTISTE.

Je vais mettre au feu les rognons et les côtelettes... je n'attends plus que du linge... Je ne sais pas combien il faut mettre de couverts.

* Camille, Mme Dumesnil, Baptiste.

Mme DUMESNIL, bas.

Veux-tu bien te taire? je vais sortir les serviettes ouvrées. (A Camille.) Toi, mon enfant, ne te tourmente pas , et songe à ce que je t'ai dit... Sois toujours bonne fille, douce, modeste; et va mettre ta robe neuve... parce que tu sens bien que l'amitié... et la bénédiction de tes parens... Embrasse-moi, et surtout tâche de te tenir droite.

(Elle sort.)

SCÈNE V.

CAMILLE, BAPTISTE.

CAMILLE.

Qu'est-ce qu'ils ont donc tous? ces préparatifs, ce déjeuner, cet air de joie et de mystère...

BAPTISTE.

Comment, mademoiselle, vous ne devinez pas ?

CAMILLE.

Eh! non, sans doute ; et si tu le sais, dis-le-moi vite.

BAPTISTE.

On m'a bien défendu d'en parler; mais, comme ça vous regarde, et qu'on ne peut rien sans vous... faudra toujours que vous le sachiez... (A demi-voix.) On va vous marier.

CAMILLE.

Moi! ah mon Dieu! qu'est-ce que tu me dis là?... Je n'y avais jamais pensé... Et pourquoi me marier, et à quoi bon ?

BAPTISTE.

Comment! ça ne vous fait pas plaisir ?

CAMILLE.

Au contraire, ça me fait peur... et me voilà toute tremblante... pourquoi m'en as-tu parlé? pourquoi m'as-tu dit cela ?

BAPTISTE.

Parce que le prétendu va arriver... un beau jeune homme... qui est bien aimable ; car on dit qu'il est joliment riche... et il faut vous préparer d'avance, pour tâcher de lui plaire tout naturellement.

CAMILLE.

Ah! mon Dieu, voilà qui est encore pis ; et je devine maintenant les recommandations de ma mère... la toilette qu'elle m'a préparée... la harpe qu'on a accordée ce matin... on va me faire chanter devant lui.

Air du vaudeville de Oui et Non.

Dieu! quelle gêne, quel ennui!
C'est mon parrain qui le protège;
Un ami... c'est bien mal à lui.
A ce jeune homme, que dirai-je?
Sans le voir je le hais déjà.

BAPTISTE.

C'est par trop tôt... Un jour, peut-être,
De soi-même cela viendra;
Mais faut au moins l' temps d' se connaître.

CAMILLE.

Quelle contenance aurai-je en présence de cet étranger ?

BAPTISTE.

Comme disait madame votre mère, il faut d'abord vous tenir droite, et puis lui faire de petits airs, des mines en dessous, comme font toutes les demoiselles qui veulent devenir des madames.

CAMILLE.

Jamais... ça m'est impossible... j'aime mieux retourner à la ferme.

BAPTISTE.

Ne vous en avisez pas, mademoiselle... ça romprait le mariage... et ça ne ferait pas notre compte, à moi, surtout, qui ai depuis si long-temps un fameux projet.

CAMILLE.

Et quoi donc ?

BAPTISTE.

Vous savez, mademoiselle, que je suis la sagesse et la sobriété en personne, et que je ne vais jamais au cabaret, pas même le dimanche.

CAMILLE.

Oui... après... je sais qu'on ne peut que te louer.

BAPTISTE.

Eh bien ! au contraire, les autres se moquent de moi, et parce que je ne vais pas boire avec eux, ils m'appellent cafard... ce qui est désagréable... aussi, pour rétablir ma réputation, j'ai là une idée...

AIR : du vaudeville de l'Écu de six francs.

Je puis me vanter qu'elle est bonne ;
Le jour où l'on vous mariera,
C'est décidé... faut que j' m'en donne...
Oh ! oui, mam'zell', j' vous dois bien ça ;
Pour vos bontés j' vous dois bien ça.
Depuis long-temps... v'là que j' m'apprête,
Et c'est en fidèl' serviteur...
L' jour où vous perdrez votre cœur,
Que moi je veux perdre la tête.
L' jour où vous perdrez votre cœur,
Oui, moi je veux perdre la tête.
          (On sonne en dehors.)

O mon Dieu ! on sonne à la grille... (Il va regarder à la porte du fond.) Un jeune homme à cheval... c'est lui... c'est le prétendu.

CAMILLE.

C'est fait de moi !
          (On sonne dans l'intérieur.)

BAPTISTE.

Voilà monsieur qui sonne. (On entend en dehors : Baptiste ! Baptiste !) Voilà madame qui m'appelle.
          (On sonne encore.)

CAMILLE.

Et moi, je m'enfuis.
          (Elle sort.)

SCÈNE VI.

Mme DUMESNIL, entrant par la droite ; BAPTISTE, puis M. DUMESNIL et DUCOUDRAI par la gauche.

Mme DUMESNIL, en peignoir.

Baptiste, Baptiste... mais allez donc ouvrir... ne faites pas attendre... (Baptiste sort.) Mon mari... mon mari... M. Dumesnil... il devrait être là pour recevoir.

M. DUMESNIL, sans habit, et paraissant à gauche.

Ma femme... ma femme... c'est lui... il est entré dans la cour.

Mme DUMESNIL.

Eh bien ! vous n'êtes pas plus avancé que cela ?

M. DUMESNIL.

J'étais avec Ducoudrai à composer cette lettre... Mon habit qui n'est pas brossé...

Mme DUMESNIL.

Et moi, le déjeuner... et tout mon monde à surveiller... est-ce que j'ai eu le temps de songer à ma toilette ?

M. DUMESNIL.

Je ne peux pourtant pas recevoir ainsi mon gendre.

Mme DUMESNIL.

Ni moi non plus.

DUCOUDRAI*.

C'est ça, il ne trouvera personne à qui parler.

M. DUMESNIL

Si ; mon ami, mon cher Ducoudrai, je t'en prie, tiens-lui compagnie pour un instant... toi, qui as du sang-froid, et un habit.

M. et Mme DUMESNIL.

AIR : Dans la paix et l'innocence.

Dis-lui bien de nous attendre.
Dites-lui de nous attendre.
          DUCOUDRAI.
C'est moi qui fais tout ici.
Il faut recevoir ce gendre
Et rester auprès de lui.

M. et Mme DUMESNIL.

Le voilà... le voilà... je m'enfuis...
          (Ils rentrent chacun dans leur appartement.)

DUCOUDRAI, seul.

Il faut, dans cette demeure,
Et lui plaire et l'amuser.
Je vais être tout à l'heure
Obligé de l'épouser.

Ces braves gens-là n'ont pas plus de tête...

SCÈNE VII.
DUCOUDRAI, ALPHONSE.

ALPHONSE, au fond.

Qu'on ne se dérange pas ; j'attendrai tant qu'on

*Mme Dumesnil, Ducoudrai, M. Dumesnil.

voudra... je ne suis pas fâché de me remettre un peu ; car c'est un enfantillage dont je ne puis me rendre compte... l'aspect seul de cette maison m'a causé une émotion... Ici, me disais-je, habite ma compagne... mon amie, celle à qui je vais devoir une nouvelle existence... (Se retournant et saluant Ducoudrai, qui s'est retiré pour l'observer à l'écart.) Pardon, monsieur, de ne pas vous avoir aperçu... je désirais parler à M. Dumesnil.

DUCOUDRAI, le regardant.

Il va paraître, monsieur... et je suis chargé de le représenter momentanément.

ALPHONSE.

Monsieur est un de ses parens ?

DUCOUDRAI, de même.

Mieux que cela, monsieur... je suis un ami... un ami intime de la famille... et de plus le parrain de la jeune personne.

ALPHONSE, à part.

Je vois que le parrain de la jeune personne est dans la confidence, rien qu'à la manière dont il me regarde.

DUCOUDRAI, à part.

Ils ont beau dire... je ne lui trouve rien de merveilleux... ça rentre dans la catégorie ordinaire des prétendus... l'air gauche... et les gants blancs.

ALPHONSE.

C'est bien indiscret à moi de me présenter de si bonne heure ; mais à la campagne... et surtout en qualité de voisin, j'ai pensé... que je pouvais... (A part.) Ah çà, l'ami intime ne m'aide pas du tout... il devrait sentir cependant que mon entrée est assez embarrassante.

DUCOUDRAI.

Monsieur, à ce qu'il paraît, habite les environs ?

ALPHONSE.

Oui, monsieur.

DUCOUDRAI.

Il n'y a donc pas long-temps ; car moi, qui connais tout le monde...

ALPHONSE.

Je suis arrivé depuis huit jours de Paris... où j'habite six mois de l'année.

DUCOUDRAI.

Fort bien... je vois que monsieur a maison à la ville... maison à la campagne... ce qui suppose une fortune... fort agréable.

ALPHONSE.

Mais... oui, monsieur.

DUCOUDRAI.

Je pense qu'elle est également solide.

ALPHONSE.

Mais, monsieur... (A part.) Ils ont dû prendre d'avance leurs informations... et l'on ne fait pas ainsi subir un interrogatoire détaillé... (Haut.) Il paraît que M. Dumesnil est sorti... mais, madame est peut-être visible ?

DUCOUDRAI.

Non, monsieur... ils sont tous deux ici, à leur toilette.

ALPHONSE.

A leur toilette !... de la toilette pour moi... (A part.) Des gens que l'on m'avait dit sans façon... (Haut.) Je suis fâché qu'un pareil motif retarde le plaisir que j'aurais à les voir ; car on m'en a dit tant de bien dans le pays... on m'a parlé surtout de M. Dumesnil comme d'un parfait honnête homme.

DUCOUDRAI.

Et l'on a raison... (A part.) Il ne faut pas que ma mauvaise humeur m'empêche de servir mes amis. (Haut.) Voilà quarante ans que je le connais... et c'est un homme d'honneur ; esclave de ses devoirs et de sa parole, à laquelle rien au monde ne le ferait manquer... Du reste, bon époux, bon père, adorant ses enfans, et surtout sa fille, qui a été élevée comme chez Mme Campan... c'est moi qui suis son parrain et vous pouvez m'en croire.

AIR : L'amour qu'Edmond a su me taire.

On lui donna, dès sa plus tendre enfance,
　　Des principes purs... excellens ;
On lui donna la grâce, la décence,
On lui donna l'esprit et les talens ;
　　On lui donna l'horreur de la toilette...

ALPHONSE, à part et impatienté.

　　Ma foi, puisqu'on était en train ;
On aurait dû, pour la rendre parfaite,
　　Lui donner un autre parrain.

DUCOUDRAI.

Et certainement, celui qui l'aura pour femme ne sera pas à plaindre.

ALPHONSE, à part.

Comme c'est adroit, de venir tout de suite me jeter cela à la tête !... J'arrivais ici dans les meilleures dispositions... et depuis qu'il m'a fait l'éloge de la famille, me voilà prévenu contre elle... Au reste, je vais en juger par moi-même... Les voici.

SCÈNE VIII.

LES MÊMES, Mme DUMESNIL, en grande toilette ; M. DUMESNIL, en culotte courte, boucles, bas de soie, le chapeau sous le bras ; CAMILLE, coiffée en cheveux, avec une robe neuve, un collier.

ENSEMBLE*.

M. et Mme DUMESNIL, DUCOUDRAI, CAMILLE.

AIR : Ma Fanchette est charmante.

M. et Mme DUMESNIL.

Allons, viens qu'on te présente...
Grand Dieu ! quel embarras !
Elle est toute tremblante
Et n'ose faire un pas.

DUCOUDRAI.

L'entrevue est touchante ;
Voyez quel embarras,

*Ducoudrai, M. Dumesnil, Camille, Mme Dumesnil, Alphonse.

Elle est toute tremblante ;
Ils n'osent faire un pas.

CAMILLE.

Grand Dieu ! quel embarras !
Je suis toute tremblante
Et n'ose faire un pas.

ALPHONSE, sur le devant de la scène à gauche.

Grand Dieu ! quel embarras !
Elle est toute tremblante
Et n'ose faire un pas.

TOUS.

Grand Dieu ! quel embarras !

M. DUMESNIL, à sa femme.

Eh bien ! avance donc.

Mᵐᵉ DUMESNIL.

Ah ! ça, Camille, ne te tiens donc pas dans ma poche.

(Ils s'avancent tous trois ; Alphonse va au devant d'eux en saluant.)

ALPHONSE.

Mille pardons de vous avoir dérangés... et vous surtout, madame... combien je vous dois d'excuses...

Mᵐᵉ DUMESNIL.

C'est M. Adolphe de Luceval, notre nouveau voisin.

M. DUMESNIL.

C'est nous qui sommes confus... vous nous surprenez dans un négligé...

DUCOUDRAI, à part.

Qu'est-ce qu'il dit donc ?... ils sont superbes.

M. DUMESNIL.

Mais à la campagne, on agit sans façon... et vous nous pardonnerez de vous avoir fait attendre.

ALPHONSE.

Le temps ne m'a pas paru long, car je causais avec monsieur, qui me faisait votre éloge.

M. DUMESNIL.

Cet excellent ami !... permettez que je vous présente ma fille.

ALPHONSE.

Mademoiselle...

Mᵐᵉ DUMESNIL, bas à Camille.

Air : de Paris et le village.

Allons, tenez-vous comme il faut,
Levez la tête davantage...

CAMILLE, bas.

Mais ma robe me gêne trop.

ALPHONSE, à part, et regardant Camille.

Quelle parure ! c'est dommage !

Mᵐᵉ DUMESNIL, bas à son mari.

Déjà je le vois enchaîné.

ALPHONSE, la regardant toujours.

Elle serait mieux... je parie,
Sans tout le mal qu'on s'est donné
Pour l'empêcher d'être jolie.

ALPHONSE, à part.

Et moi qui avais demandé qu'elle ne fût pas prévenue... Allons, on m'a manqué de parole.

(Ils sont rangés dans l'ordre suivant : Alphonse le premier à droite du spectateur, Camille loin de lui au milieu du théâtre, entre M. et Mᵐᵉ Dumesnil, et Ducoudrai à gauche.)

M. DUMESNIL, bas à sa femme.

Maintenant, pour l'achever, tâche donc de faire parler ta fille, car elle n'a pas encore dit un mot.

Mᵐᵉ DUMESNIL.

Elle qui d'ordinaire est d'une gaîté... (Bas, s'approchant de sa fille.) Allons, ma fille, allons, mademoiselle, tâchez donc d'être aimable.

CAMILLE, de même.

Je ne peux pas quand on me regarde.

M. DUMESNIL, bas à Ducoudrai.

Soutiens un peu la conversation, toi, qui es le parrain, et qui n'as rien à faire.

DUCOUDRAI, à part.

Ils ont raison... si je ne m'en mêle pas, ils ne s'en tireront jamais ; le prétendu surtout, qui a raison d'être riche, car il a l'air de n'être pas fort... (Traversant le théâtre et passant entre Adolphe et Camille.) Eh bien ! jeune homme, comment trouvez-vous notre pays ?

ALPHONSE, à part.

En voilà un qui, avec son ton protecteur, me déplaît souverainement.

DUCOUDRAI.

Un bon pays, n'est-il pas vrai ?... un air pur... et puis, vous qui êtes connaisseur... (Regardant Camille.) on y trouve de jolis points de vue.

ALPHONSE, froidement.

Superbes, comme vous dites... ceux surtout dont la nature a fait tous les frais.

DUCOUDRAI, à part.

Est-il bête ! il ne comprend pas... (Haut.) Mais il me semble que, seul, à votre âge, dans votre château, vous devez bien vous ennuyer !

ALPHONSE.

Je ne m'ennuie jamais... quand je suis seul.

Mᵐᵉ DUMESNIL.

C'est comme ma fille... c'est ce qu'elle me disait encore ce matin... parce qu'une bonne femme de ménage trouve toujours à s'occuper... et vous ne croiriez pas, monsieur, que cette chère enfant fait tout dans la maison.

CAMILLE, bas à sa mère.

Mais tais-toi donc.

DUCOUDRAI.

Et puis quelqu'un qui, comme vous, a été élevé à Paris... doit aimer les arts, doux charme de la vie... Monsieur joue peut-être du violon ou de la flûte ?

ALPHONSE.

Fort mal... mais je cultive les arts pour moi, et non pour les autres.

Mᵐᵉ DUMESNIL.

C'est comme ma fille... Je lui ai toujours dit : Il faut avoir des talens, et ne jamais les montrer... Aussi, monsieur, elle a dessiné dernièrement une

M. Dumesnil, Mᵐᵉ Dumesnil, Camille, Ducoudrai, Alphonse.

tête de Romulus... une tête admirable qui mérite-
rait l'exposition... Eh bien! personne ne l'a encore vue que moi, son père et ses quatre frères...
car son parrain même n'en a pas eu connaissance.

DUCOUDRAI.

C'est ma foi vrai, et c'est très mal à toi.

Mme DUMESNIL.

Allons, Camille, va donc chercher ton porte-
feuille, pour montrer à ton parrain...

ALPHONSE, à part.

J'y suis... c'est le parrain qui est le compère.

Mme DUMESNIL.

Et puis monsieur, qui est connaisseur, te don-
nera son avis.

CAMILLE.

Mais non, maman, y pensez-vous?

Mme DUMESNIL.

Mais si, mademoiselle... je le veux... Allez chercher votre dessin, cette tête de Romulus.

CAMILLE.

Elle était affreuse... je l'ai déchirée.

Mme DUMESNIL, bas à son mari.

Elle a déchiré sa tête de Romulus.

M. DUMESNIL, croisant ses mains.

Allons...

Mme DUMESNIL.

Mais au moins, tu pourrais nous faire entendre
cet air nouveau... Justement, on est venu hier par
hasard accorder la harpe.

DUCOUDRAI.

Ça se trouve à merveille.

CAMILLE.

Ah! mon parrain... je vous en prie.

ALPHONSE.

Je serais enchanté de juger des talens de mademoiselle... je suis seulement fâché qu'elle n'ait
point en moi un auditeur plus digne de l'apprécier.

CAMILLE, à part.

Dieux! qu'il a l'air moqueur!... je n'y tiens
plus... je suffoque... (Bas à sa mère.) Par grace...
ne me fais pas chanter... c'est capable de me faire
pleurer.

Mme DUMESNIL.

Allons, rien ne nous réussit. (Voyant Baptiste
qui arrive.) Par bonheur, voilà le déjeuner... je les
mettrai à côté l'un de l'autre.

SCÈNE IX.

LES MÊMES, BAPTISTE, la serviette sous le bras.

BAPTISTE.

Madame, vous êtes servie.

M. DUMESNIL.

J'espère que M. de Luceval voudra bien partager le déjeuner de famille...

Mme DUMESNIL.

C'est sans façon... ce qu'il y aura.

BAPTISTE.

Marguerite dit qu'on ne fasse pas attendre, parce que le soufflé va tomber.

Mme DUMESNIL, bas.

Veux-tu te taire !

ALPHONSE.

Je venais seulement pour causer avec M. Dumesnil de ces quatre arpens qu'il veut bien me
céder.

DUCOUDRAI.

Eh bien! nous en parlerons à table... c'est là
qu'il faut parler d'affaires.

ALPHONSE.

Impossible... car je vous avouerai franchement
que j'ai déjà déjeuné.

M. et Mme DUMESNIL.

Il a déjeuné !

Mme DUMESNIL, à part.

Et tous mes préparatifs!... Voilà le dernier
coup... Je n'y suis plus... mes idées se brouillent...
(Haut, à Alphonse.) Comment, monsieur, vous avez
déjeuné ?

ALPHONSE.

Oui, madame... avant de partir, une tasse de lait.

Mme DUMESNIL.

C'est comme ma fille... ce matin, à la ferme.

ALPHONSE, à part.

Comme sa fille... Parbleu celui-là est trop fort !

DUCOUDRAI.

Eh bien, il n'y a pas de mal... (Bas à M. et à
Mme Dumesnil.) Ne vous en mêlez plus ; car depuis
une heure, vous ne faites que des sottises.

M. DUMESNIL.

C'est bien possible !... le manque d'habitude...

DUCOUDRAI.

Allons vite nous mettre à table.

M. et Mme DUMESNIL, bas.

C'est fini... je n'ai plus faim.

DUCOUDRAI.

N'importe, venez toujours... (A Alphonse.) Mille
pardons, mon jeune ami, de vous laisser ainsi...
ma filleule, qui a aussi déjeuné, voudra bien vous
tenir compagnie.

CAMILLE.

Ah ! mon Dieu !... Comment, vous voulez?...

DUCOUDRAI, bas à M. Dumesnil.

Comme ça, voyez-vous, ça n'a pas l'air d'une
entrevue.

AIR : du vaudeville des Deux Matinées.

Nous allons nous mettre à table,
Et nous revenons ici...

M. DUMESNIL, bas.

Oui, l'idée est admirable!
Quel bonheur qu'un tel ami!

Mme DUMESNIL, bas.

Oui, c'est un moyen honnête.

M. DUMESNIL.

Quand nous perdons tous l'esprit,
Lui seul conserve la tête.

DUCOUDRAI.
Et surtout mon appétit.
Je conserve mon appétit.

M. DUMESNIL.
Il conserve son appétit.

M. et Mme DUMESNIL et DUCOUDRAI.
Nous allons nous mettre à table ,
Et nous revenons ici.
Oui, l'idée est admirable !
Quel bonheur qu'on tel ami!

ALPHONSE.
Pour aller se mettre à table,
Le moment est bien choisi ;
De ce tête-à-tête aimable
Il faut profiter ici.

ENSEMBLE.

(M. Mme Dumesnil et Ducoudrai entrent dans la salle à
manger au fond , à gauche.)

SCÈNE X.

CAMILLE, ALPHONSE.

ALPHONSE , à part.
Allons, ils s'en vont , et ils nous laissent ensemble... c'est arrangé d'avance. Jusqu'à présent, c'est ce qu'ils ont fait de mieux... car au moins je pourrai juger par moi-même.

CAMILLE, à part.
Ah! mon Dieu! que j'ai peur!... Qu'est-ce qu'il va me dire? Je donnerais tout au monde pour que ce fût fini , et qu'il s'en allât.

ALPHONSE, de même.
Comment entamer l'entretien ?... c'est fort embarrassant.

CAMILLE, de même.
Il fera comme il voudra... mais ce n'est pas moi qui commencerai la conversation.

ALPHONSE, timidement à Camille, et après un moment de silence.
Il paraît, mademoiselle... que... que vous déjeunez de bonne heure ?

CAMILLE, de même.
Oui , monsieur.

ALPHONSE.
Je m'en félicite... puisque cela me procure l'occasion...

CAMILLE.
Vous êtes bien honnête.

ALPHONSE.
L'occasion de causer un instant avec une personne qu'on dit aussi aimable que spirituelle.

CAMILLE, à part.
Il ne me manquait plus que cela... si on lui a donné de ces idées-là... je ne dirai pas un mot.

ALPHONSE , à part.
Elle se tait... Il me semble cependant que mon compliment méritait une réponse... essayons encore... (Haut.) D'après ce que j'ai pu voir, mademoiselle, vous aimez beaucoup la peinture ?

CAMILLE.
Non , monsieur.

LA DEMOISELLE A MARIER.

ALPHONSE.
Du moins, la musique ?

CAMILLE.
Non , monsieur... (A part.) Est-ce qu'il voudrait me faire chanter ?

ALPHONSE.
On assure cependant que vous y excellez.

CAMILLE.
Non , monsieur... au contraire.

ALPHONSE, à part.
Elle est plus franche que sa famille... (Haut.) Je vois que les soins intérieurs du ménage occupent vos instans. Et vous vous plaisez beaucoup dans cette maison ?

CAMILLE.
Oui , monsieur...

Air : des Maris ont tort.

Je n'ai qu'un seul désir ; j'espère
Y rester avec mon parrain,
Mes frères, mon père et ma mère.

ALPHONSE, à part.

Pour un prétendu, c'est divin...
Et, grace à l'agrément précoce
Que promet cet aveu civil,
Je vois qu'elle irait à la noce
Comme l'on part pour un exil.

CAMILLE , à la fin de ce couplet, cherche à s'en aller ;
mais au moment où elle s'aperçoit qu'Alphonse la
regarde, elle lui dit :
Pardon , monsieur... mais il me semble qu'on sort de table.

ALPHONSE.
Un mot encore, car je ne vous ai rien dit du motif qui m'amenait en ces lieux.

CAMILLE, à part.
Ah mon Dieu !... est-ce qu'il va me parler d'amour ?... Et maman qui n'est pas là !

ALPHONSE.
Il est des projets qu'on aurait dû peut-être vous laisser ignorer ; du moins c'était mon désir... Mais, d'après ce que je viens d'entendre... je vois que vous les connaissez , et qu'ils n'ont pas votre aveu.

CAMILLE, qui l'a écouté à peine.
Moi , monsieur ?....

ALPHONSE.
Du moins, j'ai cru le comprendre... Je me reprocherais toute ma vie d'avoir pu vous causer un seul instant de chagrin... Oui , mademoiselle... (A part.) car il faut bien la rassurer... (Haut et cherchant à lui prendre la main.) croyez que désormais mes intentions...

CAMILLE.
Eh bien , monsieur, qu'est-ce que ça signifie ? je vous prie de laisser ma main.

ALPHONSE.
Quoi ! vous pourriez supposer ?...

CAMILLE.
Du tout, monsieur... je ne suppose rien : mais je vous prie de croire que je ne suis point habituée à ces manières-là... ,

ALPHONSE, à part.

Allons, décidément, c'est une petite sotte... je vais trouver M. le parrain et lui dire ce que j'en pense... Fiez-vous donc aux réputations de province, et épousez des demoiselles sur parole!

(Il salue Camille, et entre dans la salle à gauche.)

SCÈNE XI.

CAMILLE, Mme DUMESNIL, entrant par le fond.

Mme DUMESNIL.

Eh bien!

CAMILLE.

Ah! maman, que je suis contente de te voir!... il me semblait qu'il y avait si long-temps... (Lui prenant la main.) Mais te voilà, je me retrouve.

Mme DUMESNIL.

Eh bien, ce jeune homme... il est parti!

CAMILLE.

Grace au ciel!

Mme DUMESNIL.

Comment, grace au ciel!... et tu as l'air si heureux!

CAMILLE.

C'est que c'est fini... nous nous déplaisons tous deux... je l'espère du moins.

Mme DUMESNIL.

C'est ce qui te trompe... tiens, le voilà qui parle avec mon mari et M. Ducoudrai... c'est sans doute pour faire la demande.

CAMILLE

Ah mon Dieu! tant pis... car je ne pourrai jamais l'aimer... d'abord il me fait peur: et rien que cette idée-là...

Mme DUMESNIL.

Qu'est-ce que ça signifie, mademoiselle?... qu'est-ce que c'est... de pareils enfantillages?... Taisez-vous... voici votre parrain qui sans doute nous apporte de bonnes nouvelles.

SCÈNE XII.

LES MÊMES, DUCOUDRAI[*].

Mme DUMESNIL.

Eh bien?... parlez vite.

DUCOUDRAI, d'un air composé.

Eh bien!... c'est manqué.

Mme DUMESNIL.

Comment?

CAMILLE.

Il serait vrai!

DUCOUDRAI.

Il m'a chargé, en termes très honnêtes, de vous exprimer tous ses regrets... de vous présenter ses excuses... enfin, il parait que ce mariage ne lui convient pas, et il va repartir dès que son cheval sera prêt.

[*] Camille, Mme Dumesnil, Ducoudrai.

Mme DUMESNIL.

Quel coup de foudre!

CAMILLE, sautant de joie.

Ah! que je suis contente, maman!... je vais ôter ma belle robe, n'est-il pas vrai?

Mme DUMESNIL.

Comme tu voudras, mon enfant.

CAMILLE, sortant.

Dieux! quel bonheur!... ce ne sera pas long.

(Elle entre dans la chambre du fond à droite.)

SCÈNE XIII.

Mme DUMESNIL, DUCOUDRAI, M. DUMESNIL, ensuite BAPTISTE.

M. DUMESNIL, tenant une lettre à la main, à Ducoudrai.

Tiens, mon ami, puisque tu le veux absolument.

Mme DUMESNIL.

Qu'est-ce donc?

M. DUMESNIL.

La réponse à M. de Géronville, que Ducoudrai m'a forcé d'écrire.

Mme DUMESNIL.

Est-ce que vous acceptez?

DUCOUDRAI.

Oui, morbleu! pour montrer à ce monsieur qu'on peut se passer de lui. (Parcourant la lettre.) «Très honoré de votre demande, que j'accueille avec grand plaisir.» — C'est cela même... (Apercevant Baptiste.) Baptiste!

Mme DUMESNIL.

Mais songez donc qu'en envoyant cette lettre... c'est une promesse sacrée, irrévocable.

DUCOUDRAI.

C'est ce qu'il faut; sans cela, vous ne vous décideriez jamais. (Achevant la lettre.) Fort bien... tu y as joint l'invitation pour venir passer la soirée.

Mme DUMESNIL.

Comment! encore une entrevue?

DUCOUDRAI.

C'est moi qui l'ai voulu... pendant qu'on y est, voilà comme il faut mener les affaires... un gendre de perdu, un autre de retrouvé... (A Baptiste qui est entré un peu auparavant, lui remettant la lettre qu'il vient de cacheter.) Tiens, Baptiste, vite à cheval, et porte cette lettre à la ville, chez M. l'inspecteur général.

BAPTISTE.

M. de Géronville... je connais bien... mais, dites-moi, monsieur Ducoudrai, est-ce bien vrai ce que l'on dit dans la maison, que mam'zelle ne se marie plus?

DUCOUDRAI.

Rassure-toi... cette lettre est pour un autre mariage, qui ne peut pas manquer.

BAPTISTE.

A la bonne heure... je pars à l'instant... (Il va pour sortir et revient.) A propos... l'autre est là, qui demande à prendre congé de monsieur et de madame.

M. DUMESNIL.

L'autre?

BAPTISTE.

Oui, celui qui n'épouse plus... il peut attendre, n'est-ce pas?

M. DUMESNIL.

Au contraire, qu'il entre sur-le-champ... parce qu'il n'est pas notre gendre, il ne faut pas pour cela se quitter brouillés.

(Baptiste introduit Alphonse, et il sort.)

SCÈNE XIV.

Les Mêmes, ALPHONSE, la cravache à la main.

ALPHONSE, un peu embarrassé*.

Monsieur, je ne voulais pas m'éloigner sans vous avoir exprimé, ainsi qu'à madame... combien je...

M. DUMESNIL, d'un air ouvert.

Tenez, mon cher monsieur, point d'excuses... vous avez dû, ce matin, nous trouver bien ridicules.

ALPHONSE.

Comment, monsieur?...

M. DUMESNIL.

Que voulez-vous?... cette idée de mariage... d'un gendre que nous ne connaissions pas, nous avait tout troublés, et nous n'étions plus nous-mêmes... maintenant qu'il n'est plus question de rien, et que nous nous sommes expliqués... nous en agirons sans façon, sans cérémonie... ne voyez en nous que de bons voisins, qui vous estiment, qui vous aiment, et qui seront charmés de vous le prouver.

ALPHONSE, étonné.

Eh! mais... quel changement! ce langage franc et cordial... Monsieur, vous me voyez pénétré...

M. DUMESNIL.

Ce n'est pas cela que je vous demande... restez-vous à dîner avec nous?

ALPHONSE.

Quoi! vous voulez?

DUCOUDRAI.

Air : Il me faudrait quitter l'empire.

Eh oui, morbleu! c'est la règle commune,
On trinque ensemble et l'on reste garçon.

M. DUMESNIL.

Oui, nous croirons qu'on nous garde rancune
Si vous n'acceptez sans façon.

Mme DUMESNIL.

Oui, sur-le-champ et sans façon,

ALPHONSE.

Ah! dans ce cas je dois me rendre.

M. DUMESNIL.

A merveille, je suis ravi...
(Lui serrant la main.)
Et si la main que vous m'offrez ainsi

* Mme Dumesnil, Alphonse, M. Dumesnil, Ducoudrai.

N'est plus pour moi la main d'un gendre,
Que ce soit celle d'un ami,
Que ce soit la main d'un ami.

ALPHONSE, à part.

Ce sont vraiment d'excellentes gens.

M. DUMESNIL.

Et puis, mon cher voisin, vous nous aiderez de votre présence... Nous avons encore pour ce soir une autre entrevue.

ALPHONSE, souriant.

Ah! une autre entrevue.

M. DUMESNIL, riant.

Oui, le fils de M. de Géronville, qui, er même temps que vous, s'était mis sur les rangs.

Mme DUMESNIL.

Nous ne perdons pas de temps, n'est-ce pas?... que voulez-vous, quand on a une fille à marier... vous saurez cela un jour.

M. DUMESNIL.

Vous avez pu voir que nous n'étions pas très au fait... Moi, je n'y entends rien... ma femme perd la tête... Au lieu que vous, qui êtes de sang-froid, et qui avez l'usage du monde... vous nous aiderez... Ah ça, c'est arrangé, n'est-ce pas?

ALPHONSE.

De tout mon cœur.

Mme DUMESNIL.

Et quant à la pièce de terre que vous désirez... tout ce que vous voudrez monsieur, elle est à vous.

ALPHONSE.

Ah!... ce ne serait qu'autant qu'il vous conviendrait de la vendre; car je n'y tenais que parce que l'on m'a dit qu'elle faisait partie autrefois de la propriété de M. de Saint-Rambert, mon oncle.

DUCOUDRAI, allant auprès d'Alphonse*.

M. de Saint-Rambert!... Qu'est-ce que vous dites donc, jeune homme? M. de Saint-Rambert, le capitaine de vaisseau?

ALPHONSE.

Oui, monsieur.

DUCOUDRAI.

C'était votre oncle?

ALPHONSE.

Sans doute.

DUCOUDRAI.

Eh! mais... c'était mon camarade de collége... comment! vous êtes le neveu de ce pauvre Saint-Rambert?... un diable, un écervelé, un excellent cœur... qui m'a donné plus de tapes... Il a dû vous parler de moi... Ducoudrai... Ducoudrai d'Épernay.

ALPHONSE.

Monsieur Ducoudrai!... oh! mais très souvent... il vous aimait beaucoup.

DUCOUDRAI.

Et moi donc?... mais où diable avais-je la tête! Luceval... Luceval... je disais aussi : je connais ce nom-là... c'était sa sœur qui avait épousé un Luceval... avocat-général.

* Mme Dumesnil, Alphonse, Ducoudrai, M. Dumesnil.

ALPHONSE.

Justement... mon père.

DUCOUDRAI.

Parbleu ! je connais tout cela.

ALPHONSE.

Que je suis heureux... un ami de mon oncle.

M. et Mme DUMESNIL.

C'est charmant... quelle rencontre !

DUCOUDRAI.

Un gaillard que j'ai vu pas plus haut que ça... eh bien ! ce que c'est que de ne pas s'expliquer, pourtant... concevez-vous ? à la première vue, vous ne me plaisiez pas... oh ! mais du tout.

ALPHONSE, souriant.

Eh ! mais franchement... ni vous non plus.

DUCOUDRAI, riant.

Vraiment ? c'est très drôle... d'anciens amis.

ALPHONSE.

Mais j'espère maintenant que nous nous verrons souvent avec mes bons voisins... (A Ducoudrai.) Vous êtes chasseur ?

DUCOUDRAI.

Oui... le dimanche.

ALPHONSE.

J'ai six cents arpens de bois à votre disposition.

DUCOUDRAI, lui donnant une poignée de main.

Six cents arpens !... c'est qu'il est très aimable ce jeune homme-là.

ALPHONSE.

AIR de Préville et Taconnet.

D'excellens vins ma cave est bien fournie ;
Venez souvent.

DUCOUDRAI.

Quel espoir m'est offert !

ALPHONSE.

Et j'ai de plus un homme de génie,
Un cuisinier... élève de Robert !

DUCOUDRAI.

Un cuisinier élève de Robert !
C'est une existence de prince.
Dans son château, je nous vois réunis,
Et quel bonheur pour nous, mes bons amis,
De nous aimer comme en province,
Et de dîner comme à Paris !

M. DUMESNIL.

Ce sera charmant !... mais en attendant, chacun a ses affaires. (A Ducoudrai.) Car j'ai ma recette d'aujourd'hui à laquelle tu vas m'aider... Ma femme a ses occupations de ménage... (A Alphonse.) Vous voyez que nous vous traitons en ami ; et pour commencer, ne vous gênez plus avec nous... voilà des crayons, de la musique... faites un tour de jardin... prenez un livre... liberté tout entière... nous nous reverrons à dîner.

(Il sort avec madame Dumesnil et Ducoudrai.)

SCÈNE XV.

ALPHONSE, seul.

Ma foi... ce sont de braves gens... quelle simplicité !... quelle bonhomie !... on ne m'avait pas trompé sur leur compte... et moi, qui les avais trouvés sots et prétentieux... j'avais tort de les juger d'abord si sévèrement... ils ne sont pas brillans (il prend un livre sur la table à droite), mais ce sera un voisinage très agréable... et moi, qui suis seul, je les verrai souvent ; car, après tout, ce n'est pas leur faute si leur fille est une petite sotte, sans tournure et sans grâce... (On entend Camille chanter en dehors.) Eh ! mais, c'est elle-même... elle a quitté sa belle robe... eh bien ! elle n'en est pas plus mal pour cela... au contraire.

SCÈNE XVI.

ALPHONSE, CAMILLE.

CAMILLE entre en sautant et chantant.

L'amour,
Un jour...

(Apercevant Luceval.) Ah ! pardon, monsieur.

ALPHONSE.

Je conçois, mademoiselle, que ma présence doit vous étonner.

CAMILLE.

Nullement... Mon père m'a dit que vous vouliez bien nous traiter en voisins, et que vous restiez à dîner... c'est un beau trait, et cela prouve que vous n'avez pas de rancune...

ALPHONSE.

Moi, de la rancune !... et de quoi ?

CAMILLE, souriant.

De l'ennui que vous avez éprouvé ce matin... et je m'en veux, pour ma part, d'y avoir contribué.

ALPHONSE, un peu troublé.

Comment, mademoiselle ?... (A part.) Maintenant qu'elle sait que je l'ai refusée, ma position est très désagréable... (Haut.) Je vous prie de croire que des raisons... qui me sont personnelles...

CAMILLE, à part.

Ah mon Dieu !... le voilà comme j'étais ce matin, embarrassé... mal à mon aise... (A Alphonse.) Rassurez-vous, monsieur, et remettez-vous bien vite... Je ne suis point fâchée... je ne vous en veux point... au contraire ; et la preuve, c'est que je venais de moi-même vous remercier et vous tenir compagnie.

ALPHONSE.

De vous-même ?

CAMILLE.

Eh oui !... me voilà sûre que vous ne m'épouserez pas... alors je n'ai plus peur... D'ailleurs, mon parrain m'a dit que vous étiez son ami, et ses amis deviennent les nôtres... vous voilà donc de la maison... Mais que je ne vous dérange pas, monsieur, continuez votre lecture... je venais chercher mon ouvrage.

(Elle s'approche de la petite table à gauche.)

ALPHONSE, la regardant pendant qu'elle arrange son fauteuil et qu'elle prend son ouvrage.

Il est de fait que ma présence ne lui impose plus du tout, (Camille est assise et travaille.) et que la voilà aussi à son aise avec moi qu'avec une ancienne connaissance.

CAMILLE, levant les yeux et le voyant debout devant elle.

Eh bien! monsieur... vous ne lisez pas?

ALPHONSE.

Non... je n'en ai plus envie... D'ici au dîner, je n'ai rien à faire qu'à me promener... et si je ne vous gêne pas...

CAMILLE, à son ouvrage.

Moi! du tout!... je travaille.

ALPHONSE, prenant une chaise et s'asseyant près d'elle, mais à une petite distance.

Tant mieux! car je serai enchanté de causer. (Après une pose.) Je vois, d'après ce que vous me disiez tout-à-l'heure, que l'entrevue de ce matin ne m'a pas été très favorable.

CAMILLE.

Mais, monsieur...

ALPHONSE.

Allons, parlez franchement... je ne vous ai pas plu.

CAMILLE, doucement.

Très peu.

ALPHONSE.

C'est-à-dire pas du tout.

CAMILLE, baissant les yeux.

C'est vrai... (En souriant.) Vous voyez qu'il y avait de la symphathie.

ALPHONSE.

Je vois, du moins, que vous avez de la franchise... Et en quoi vous ai-je déplu? Ce que je vous demande, c'est pour en profiter... c'est pour me corriger, si c'est possible; et cela doit vous prouver..

CAMILLE.

Que vous avez un bon caractère, car la vérité ne vous fâche pas... Eh bien! monsieur, vous aviez avec moi un ton de protection, un air de supériorité bien légitime sans doute... mais qui m'humiliait infiniment; c'était presque me dire : Voyez comme je suis grand et généreux; je suis plus riche que vous, plus instruit, plus spirituel, et cependant je vous fais la grace de vous épouser.

ALPHONSE, s'approchant.

Quoi! mademoiselle, vous aviez de pareilles idées?

CAMILLE.

Et comment ne pas les avoir?... Vous ne savez pas ce que c'est que la situation d'une pauvre jeune personne à qui ses parens ont dit : « Soyez aimable... soyez jolie... tenez-vous droite... c'est un » prétendu... donc vous devez l'aimer... donc il » doit vous plaire, car il est bien riche. » Ils

n'ont jamais que cela à dire, et c'est là le terrible.

ALPHONSE.

Terrible!... et en quoi?

CAMILLE.

Lorsqu'on est sans fortune, et qu'on épouse quelqu'un qui en a beaucoup... songez donc que de qualités il faut lui apporter en dot!

AIR de la Robe et les Bottes.

Que de vertus il a le droit d'attendre!
Et quels devoirs on s'impose à jamais!
Oui, par les soins, par l'amour le plus tendre,
   Il faut payer tous ses bienfaits.
   On lui doit de son existence
   Le sacrifice généreux ;
   Et l'on est, par reconnaissance,
   Obligé de le rendre heureux.

ALPHONSE, à part.

Eh! mais c'est très bien raisonner.

CAMILLE.

Et en revanche... qu'est-ce qui vous en revient? et qu'est-ce qu'on gagne à se marier?... d'être appelée *madame*... et de porter un cachemire... La belle avance!

ALPHONSE, souriant.

Là-dessus... il y aurait bien des choses à vous répondre... Mais en admettant que ce raisonnement soit juste pour vous... du moins ne l'est-il pas pour moi, qui suis tout seul, qui n'ai aucun lien qui m'attache au monde, et qui cherchais à me marier pour trouver dans ma femme une compagne, une amie, et surtout une famille.

CAMILLE.

Quoi! monsieur... vous avez perdu tous vos parens?

ALPHONSE.

Hélas! oui... et depuis long-temps... Orphelin, j'ai été élevé par mon oncle, capitaine de vaisseau, qui avait plus de trente campagnes et qui dernièrement est mort dans mes bras des suites de ses blessures... « Mon neveu, mon ami, m'a-t-il dit, » je te laisse ma fortune... une fortune honorable ; » car je ne l'ai acquise qu'aux dépens des ennemis » de l'état. »

CAMILLE.

C'était là un brave marin.

ALPHONSE.

« C'est peu de chose que la richesse, a-t-il con- » tinué; mais avec elle on se procure l'indépen- » dance, et c'est beaucoup... Ne t'avise donc pas » de vendre ta liberté, soit en courant la carrière » des places, soit en cherchant quelque mariage » opulent... choisis une bonne femme... vis de tes » rentes, élève tes enfans, et parle-leur quelque- » fois de ton oncle... » Il m'a serré la main, et il est mort.

CAMILLE, émue.

Quel honnête homme!... Moi, je l'aimais déjà.

ALPHONSE.

C'est alors que j'ai acheté dans ce pays le château de Luceval, qui était en vente... Mais quand

je me suis vu seul dans ce domaine, au lieu d'é-
prouver le bonheur de la propriété... je trouvais
que mes appartemens étaient immenses... mon parc
me semblait désert... Je n'avais autour de moi
que des domestiques, des gens indifférens... aucun sourire n'accueillait mon arrivée, car personne
n'attendait mon retour, ou ne s'était inquiété de
mon absence.

CAMILLE, rapprochant son fauteuil d'Alphonse.

Pauvre jeune homme !

ALPHONSE.

AIR d'Aristippe.

Il faut, dit-on, dans la jeunesse,
Pour voir son destin imbelli,
Faire le choix d'une maîtresse,
Et surtout celui d'un ami.
Maîtresse... ami... je sens au fond de l'ame
Que par eux seuls je pourrais être heureux ;
Et je voulais prendre une femme
Afin de les avoir tous deux.

CAMILLE, avec un peu d'attendrissement.

C'est donc pour cela, monsieur, que vous vouliez
vous marier ? (Ils se lèvent tous deux gaîment.) Maintenant vous n'en avez plus besoin, puisque vous
trouvez ici... des voisins et des amis.

ALPHONSE.

Oui... votre parrain me l'a dit... je serai celui de
la maison... mais le vôtre ?

CAMILLE.

Le mien aussi.

ALPHONSE.

Bien vrai ?

CAMILLE.

Je dis toujours vrai, vous le savez.

ALPHONSE.

Je ne vous déplais donc plus autant ?

CAMILLE.

Non, c'est fini... Et moi, monsieur ? car ce matin, j'en suis sûre... j'ai dû vous paraître bien
gauche, bien maussade...

ALPHONSE, souriant.

Mais... un peu.

CAMILLE.

Ah ! monsieur... ça n'est pas bien... c'est une revanche ; mais, grace au ciel, tout cela est fini ; et
d'ici à long-temps, j'espère, il ne sera plus question
de mariage.

ALPHONSE.

Eh bien !... c'est ce qui vous trompe ; et, comme
votre ami, je dois vous prévenir qu'on attend ce
soir un nouveau prétendu.

CAMILLE.

Ah mon Dieu ! que me dites-vous ?... voilà toute
ma frayeur qui me reprend... Encore une entrevue !

ALPHONSE.

Vraiment oui... c'est un M. de Géronville.

CAMILLE.

Le fils de l'inspecteur... Et c'est aujourd'hui
même ?... J'étais si contente, si heureuse !... vous
venez de troubler toute ma joie.

ALPHONSE.

Ce M. de Géronville vous déplaît donc beaucoup ?

CAMILLE.

Je le connais à peine.

ALPHONSE.

Et son âge... sa tournure ?

CAMILLE.

A peu près comme vous... pas si bien... Mais ce
soir il faudra encore paraître en grande parure et
en cérémonie... et puis devant tout le monde... j'en
suis sûre, on va encore vouloir me faire chanter
mon grand air... c'est de rigueur.

ALPHONSE.

Eh bien ! que craignez-vous ?

CAMILLE.

C'est qu'il est très difficile... Je le sais bien par
cœur, mais c'est l'expression... et cependant je voudrais bien ne pas paraître aussi ridicule que ce
matin.

ALPHONSE.

Voulez-vous que je vous le fasse répéter ?

CAMILLE.

Bien volontiers ; tenez, voilà ma harpe.

ALPHONSE.

Avez-vous la musique ?

CAMILLE.

La voilà... vous me reprendrez si ça ne va pas
bien.

(Alphonse va prendre la harpe et la met en place ; Camille
s'assied ; Alphonse prend la musique et se place à côté
d'elle, à sa gauche.)

AIR : Viens, viens, viens. (de M. Amédée de Beauplan.)
(Après la ritournelle de la harpe.)

ALPHONSE.

Ah ! c'est bien, c'est très bien,
Allons du courage ;
Ah ! c'est bien, c'est très bien,
Quel bonheur est le mien !

CAMILLE.

Prêt à quitter la beauté qui l'engage,
Un troubadour fier de son doux servage,
De son amour lui demandait un gage.

ALPHONSE.

Moi, j'appuierais sur cette phrase-là.
La, la, la, la, la, la,
Tra, la, la, la, la, la.

CAMILLE.

Lors détachant sa modeste ceinture,
En rougissant, la jeune et belle Irma...

ALPHONSE.

Tra, la, la, la, la, la,
Tra, la, la, la, la, la.

CAMILLE.

Du chevalier tendre et galant
Décora la brillante armure.

ENSEMBLE.

La, la, la, la, la, la,
La, la, la, la, la, la.
C'est charmant, c'est charmant !

* Camille, Alphonse.

ENSEMBLE.

CAMILLE et ALPHONSE.

CAMILLE.

Cet air-là doit plaire.

ALPHONSE.

Quelle voix légère !
C'est beaucoup mieux, vraiment !

DEUXIÈME COUPLET.

ALPHONSE.

Des chevaliers, alors le vrai modèle
Lui répondit : Rassure-toi, ma belle,
Jusqu'au trépas, je te serai fidèle.

CAMILLE.

Appuyez bien sur cette phrase-là.
Tra, la, la, la, la, la.
Tra, la, la, la, la, la.

ALPHONSE.

Si je brûlais d'une flamme nouvelle !

CAMILLE.

Vous vous trompez, je crois, ce n'est pas ça...
Tra, la, la, la, la, la,
Tra, la, la, la, la, la.

ENSEMBLE.

Toujours, toujours
Mêmes amours,
Je te serai toujours fidèle.

ALPHONSE.

Ah ! c'est fort bien, mademoiselle.

ENSEMBLE.

La, la, la, la, la, la,
La, la, la, la, la, la.
C'est charmant, c'est charmant !
Cet air-là doit plaire ;
Quelle voix légère !
C'est charmant, c'est charmant !
C'est beaucoup mieux, vraiment !

SCÈNE XVII.

LES MÊMES, DUCOUDRAI.

DUCOUDRAI.

Eh bien ! jeunes gens, qu'est-ce que vous faites donc ?

CAMILLE.

La !... mon parrain qui vient nous déranger au plus beau moment... car monsieur, qui faisait le modeste, est excellent musicien.

ALPHONSE, remettant la harpe de côté.

C'est plutôt mademoiselle qui chante à merveille.

DUCOUDRAI, à Camille.

Il s'agit bien de chansons... ta mère te demande pour l'aider à préparer son dessert... et puis on a besoin de ton avis pour placer l'orchestre.

ALPHONSE.

Comment ! est-ce qu'il y aurait un bal ?

DUCOUDRAI.

Oui, un bal de famille.

CAMILLE.

Ah mon Dieu !... (A Alphonse.) De crainte qu'on ne m'invite pour la première contredanse, je dirai que je suis priée par vous... n'est-il pas vrai ?... c'est un service d'ami.

ALPHONSE.

Oui, sans doute.

CAMILLE.

Parce qu'avec vous je n'ai pas peur ; maintenant surtout que nous nous connaissons si bien... Adieu, mon parrain... adieu, monsieur Alphonse, je vais arranger le dessert... et puis après, j'irai reprendre ma belle robe... est-ce ennuyeux !

ALPHONSE.

Vous êtes si bien ainsi !   (Camille sort.)

SCÈNE XVIII.

ALPHONSE, DUCOUDRAI.

DUCOUDRAI.

Ah çà, il me semble que maintenant vous êtes les meilleurs amis du monde.

ALPHONSE, la suivant des yeux.

Grace au ciel... car en honneur elle est charmante.

DUCOUDRAI, froidement.

Oui, pas mal... elle est assez gentille ma petite filleule.

ALPHONSE, avec chaleur.

Assez gentille ?... la physionomie la plus piquante et la plus spirituelle... un œil vif et malin, et puis elle cause à merveille.

DUCOUDRAI, froidement.

Oui, oui... elle n'est pas bête.

ALPHONSE, vivement.

C'est-à-dire la conversation la plus aimable et la plus amusante... de la gaîté ! de la finesse... et puis mieux que cela encore... il y a là des qualités solides.

DUCOUDRAI, avec indifférence.

Oui... c'est une assez bonne enfant.

ALPHONSE, plus vivement.

Vous appelez ainsi la réunion des sentimens les plus nobles et les plus généreux... de la bonté, de la franchise, de la sensibilité... c'est un ange.

DUCOUDRAI.

Ah ça, dites donc, mon jeune ami, comme vous prenez feu ! il me semble que depuis ce matin il y a du changement.

ALPHONSE.

Écoutez, monsieur Ducoudrai : vous étiez l'ami de mon oncle, vous êtes le mien ?...

DUCOUDRAI.

Oui, sans doute.

ALPHONSE.

Eh bien, promettez-moi d'abord de ne pas vous moquer de moi... ensuite de me servir.

DUCOUDRAI.

Et en quoi ?

ALPHONSE.

Je vais passer à vos yeux pour un fou, pour un étourdi, pour une girouette, si vous voulez... ça m'est égal... quand il s'agit du bonheur on ne pense plus à l'amour-propre... je trouve Camille charmante... j'en suis amoureux... c'est la femme qu'il me faut, et je vous prie de la redemander pour moi à son père.

DUCOUDRAI.

La redemander !... derechef !... et en réitérant ?

ALPHONSE.

Oui.

DUCOUDRAI.

Ça n'est plus possible... elle est promise et accordée à un autre... il y a deux heures que la lettre est envoyée.

ALPHONSE.

Eh bien ! on rompra avec cet autre, comme j'ai rompu ce matin avec vous.

DUCOUDRAI.

La famille ne le voudra pas.

ALPHONSE.

Et pourquoi ?

DUCOUDRAI.

Parce que ce refus entraînerait les conséquences les plus graves... peut-être même la ruine de ce pauvre Dumesnil qui n'a d'autre fortune que sa place de dix mille francs dans l'enregistrement, et la colère de l'inspecteur-général peut la lui faire perdre d'un instant à l'autre... Savez-vous ce que c'est, jeune homme, qu'un inspecteur-général outragé ?

ALPHONSE.

Non, morbleu !... mais je sais bien que s'il n'y a pas d'autre obstacle, je vous invite d'avance à la noce, dans mon château de Luceval... Je cours trouver M. et Mme Dumesnil, et je sais le moyen de les décider.

DUCOUDRAI.

Quel est-il ?

ALPHONSE.

Un moyen victorieux auquel rien ne résiste... pas même les inspecteurs-généraux... Adieu, adieu, mon cher Ducoudrai... je vous aime, je vous remercie...

DUCOUDRAI.

Il n'y a pas de quoi.

ALPHONSE.

C'est égal... je reviens dans l'instant.
(Il entre dans la salle à gauche.)

SCÈNE XIX.

DUCOUDRAI, seul ; puis CAMILLE et M. DUMESNIL.

DUCOUDRAI, seul.

A-t-on idée d'un amour pareil ? quand on la lui offre il la refuse... et depuis qu'elle est la femme d'un autre, il l'adore... Il me semble que de mon temps on n'était pas comme cela... on raisonnait ses extravagances.
(M. Dumesnil et Camille entrent ensemble ; Camille porte une assiette de fraises en pyramide.)

CAMILLE.

Mais, mon papa, ne vous donnez pas la peine... je vais écrire les cartes...

M. DUMESNIL.

Eh non, morbleu !... tu ne peux pas tout faire, et j'aurai fini à l'instant.
(Il se met à la table à droite et écrit des cartes.)

CAMILLE*.

A la bonne heure, d'autant que j'ai encore mon sucre à râper. (Elle dépose l'assiette de fraises sur la table à gauche.) Dieux ! la belle pyramide !... pourvu qu'elle ne renverse pas.

DUCOUDRAI, debout entre Camille et M. Dumesnil.

Ah ! ah ! la femme de ménage qui s'occupe de son dessert.

CAMILLE.

Tiens, c'est vous, mon parrain... où est donc monsieur Alphonse ?

DUCOUDRAI.

Il est allé trouver ta mère, et je crois qu'en ce moment il s'occupe de toi.

CAMILLE.

De moi ?

DUCOUDRAI.

Oui (la prenant à part, et à voix basse) ; et pour qu'il n'y ait pas encore de malentendu, dis-moi un peu, Camille, car je suis ton parrain, et tu dois tout me dire...,

CAMILLE.

Oui, mon parrain.

DUCOUDRAI.

As-tu toujours autant d'antipathie pour M. de Luceval ?

CAMILLE, baissant les yeux.

Mais... il me déplaisait ce matin.

DUCOUDRAI.

Et maintenant ?

CAMILLE.

C'est l'autre... celui qui doit arriver.

DUCOUDRAI.

Et comment ça se fait-il ?

CAMILLE.

Je n'en sais rien ; c'est peut-être attaché au titre de prétendu.

DUCOUDRAI.

C'est juste.... mais sous prétexte que M. de Luceval n'est plus ton prétendu... est-ce que par hasard, là... au fond du cœur... tu ne l'aimerais pas un peu ?
(Pendant ce temps, Alphonse est rentré , et reste au fond.)

M. DUMESNIL, qui achève d'écrire ses cartes, et qui a entendu les derniers mots , se lève de table et dit à part :

Hein !... qu'est-ce que cela signifie ?

* M. Dumesnil, Ducoudrai, Camille.

CAMILLE.

Je n'en sais rien, mon parrain... quand ça viendra je vous le dirai... Pourquoi me demandez-vous cela ?

DUCOUDRAI.

C'est que lui, de son côté... il t'aime... il t'adore à en perdre la tête.

M. DUMESNIL, à part.

Tant pis, morbleu !... car voilà ce que je n'entends pas.

CAMILLE, à Ducoudrai.

Quoi ! vraiment ?

DUCOUDRAI.

Cela t'étonne ?

CAMILLE, avec joie.

Oui.

DUCOUDRAI.

Et cela te fait peine ?

CAMILLE.

Non, au contraire.

ALPHONSE, courant à Ducoudrai.

Dieux ! que viens-je d'entendre ?

CAMILLE.

Comment, monsieur, vous étiez là ?... ah ! que vous m'avez fait peur !

ALPHONSE.

Rassurez-vous... je quitte votre mère... qui me pardonne... qui me rend son amitié et le titre de gendre.

M. DUMESNIL, froidement.

Ma femme a eu tort... car elle doit savoir que maintenant cette alliance n'est plus possible.

CAMILLE.

O ciel !...

ALPHONSE.

Je conçois... j'ai prévu les objections que vous alliez me faire... un autre a votre parole, et, en cas de rupture, son ressentiment peut vous enlever votre place... mais, en épousant votre fille, ma fortune devient la vôtre, et j'acquiers le droit de la partager avec vous.

CAMILLE.

Ah ! maintenant, mon parrain, je l'aime tout-à-fait... (Avec joie, à M. Dumesnil.) Eh bien ! mon père ?

M. DUMESNIL.

J'en suis désolé, mon enfant... mais je ne puis accepter...

Air : Connaissez mieux le grand Eugène.

Pour tenir toujours ma promesse
Je suis connu depuis long-temps,
Et je préfère à la richesse
L'estime des honnêtes gens.
Oui, peu m'importe une disgrace,
Lorsque mes sermens sont tenus...
On peut toujours retrouver une place,
L'honneur perdu ne se retrouve plus.

ALPHONSE.

Quoi ! monsieur, l'engagement que vous avez pris avec M. de Géronville ?...

* M. Dumesnil, Camille, Ducoudrai, Alphonse.

M. DUMESNIL.

Est sacré pour moi ; et rien ne peut le rompre, par la même raison que pour vous, ce matin, j'aurais refusé les plus beaux partis de France.

CAMILLE.

Ah mon Dieu !... que je suis malheureuse !

ALPHONSE.

O ciel ! elle pleure... vous le voyez, et vous ne vous laissez pas fléchir... mon ami, monsieur Ducoudrai, je vous en supplie, parlez pour moi.

CAMILLE.

Eh ! oui, mon parrain... vous restez là sans rien dire, et cependant ça vous regarde aussi... car je suis votre filleule.

DUCOUDRAI.

C'est vrai, morbleu ! et je me fâcherai aussi à mon tour.

M. DUMESNIL.

Ça ne servira à rien... car je n'ai pas l'habitude de transiger avec mes devoirs, et je sais ce qui me reste à faire... Camille, allez trouver votre mère... (Camille et Ducoudrai se retirent vers le fond à droite ; M. Dumesnil s'approche d'Alphonse.) Et quant à vous, monsieur, je vous avais invité à passer la soirée avec nous... mais, d'après ce qui arrive, vous sentez que cela n'est plus possible, et je vous prierai même, jusqu'au mariage de ma fille, de vouloir bien suspendre vos visites.

ALPHONSE.

O ciel !... ne plus la voir !

CAMILLE.

Ah ! je ne pourrai jamais m'y habituer.

ALPHONSE, désolé, à M. Dumesnil.

Monsieur, rappelez vous que vous m'avez réduit au désespoir.

M. DUMESNIL, lui prenant la main.

C'est malgré moi... malgré moi, monsieur... car maintenant... vous devez me connaître... vous devez savoir... (Bas.) Allons, mon ami, vous qui êtes homme, ayez de la force, du courage... ayez-en pour nous trois... (Lui montrant Camille qui pleure.) car vous voyez que cet enfant se désole.

DUCOUDRAI, avec colère.

Aussi... c'est ta faute.

M. DUMESNIL.

Et toi, au lieu de me chercher querelle, reste avec lui... (Montrant Alphonse.) tâche de le soutenir, de le consoler ; car je crois qu'ils me feront perdre la tête...

ALPHONSE.

Ah ! que je suis malheureux !

M. DUMESNIL, allant à sa fille, qu'il veut emmener.

Viens, viens, ma fille.

ALPHONSE, retenu par Ducoudrai.

Adieu, adieu, Camille.

CAMILLE.

Adieu, monsieur Alphonse.

ALPHONSE.

Ah ! je l'aimerai toujours.

CAMILLE, en pleurs, sortant avec son père.

Et moi aussi.

SCÈNE XX.

ALPHONSE, DUCOUDRAI.

ALPHONSE, se promenant avec agitation.

Je ne puis en revenir encore... A-t-on jamais vu une pareille tyrannie?... c'est un cœur inflexible... c'est un père dénaturé... c'est... (Se reprenant.) c'est un honnête homme au fond... je ne puis dire le contraire... Et moi qui, ce matin, le regardais comme un bon homme... comme un homme faible et sans caractère.

DUCOUDRAI.

Ah! bien oui... dès qu'il s'agit de l'honneur, c'est un obstiné... je vous en avais prévenu... et il tient surtout à sa parole avec un entêtement qui n'est plus d'usage.

ALPHONSE.

Ah! il y met de l'obstination... eh bien! et moi aussi... nous verrons.

DUCOUDRAI.

Que voulez-vous faire?

ALPHONSE, avec désordre.

Je n'en sais rien; mais je ne peux pas vivre sans Camille... ça m'est impossible... et décidément, je vais trouver M. de Géronville et me couper la gorge avec lui.

DUCOUDRAI.

Jeune homme, y pensez-vous?

ALPHONSE.

Oui, morbleu!... c'est le seul moyen raisonnable... et je vais lui écrire... c'est vous qui serez mon témoin.

(Il s'assied à la table à droite.)

DUCOUDRAI.

Il ne manquait plus que cela... nous voilà bien... et vous croyez que je souffrirai... Holà! quelqu'un.. (Baptiste paraît.) C'est Baptiste... d'où lui vient cette mine effarée?

SCÈNE XXI.

LES MÊMES, BAPTISTE, pâle et défait[*].

BAPTISTE.

Vous voyez, monsieur, l'effet des passions.

DUCOUDRAI.

Qu'est-ce que ça signifie?

BAPTISTE.

Que je suis un malheureux, qui ai mérité d'être chassé, si vous ne daignez pas parler pour moi... d'autant qu'il y a de votre faute.

DUCOUDRAI.

De ma faute?

BAPTISTE.

Oui, monsieur... Vous saurez qu'en bon servi-

[*] Alphonse, Baptiste, Ducoudrai.

teur je m'étais fait depuis long-temps une promesse... c'était de me griser le jour où le mariage de mademoiselle serait décidé; car c'est la première fois de ma vie... et si l'on m'y rattrape...

(Pendant ce temps Alphonse est à la table, où il a écrit et déchiré deux billets.)

DUCOUDRAI.

Eh bien, achève... tu viens de boire?

BAPTISTE.

Non, monsieur... je viens de dormir... mais c'est l'instant du réveil, quand je me suis dit: Baptiste, tu avais une commission d'où dépendait le mariage de ta maîtresse... cette commission qu'est-ce qui l'a faite?

ALPHONSE, se levant et écoutant.

Grands dieux!

BAPTISTE.

Tu avais une lettre pour M. de Géronville... qu'est-ce qu'elle est devenue?...

ALPHONSE.

O ciel, tu l'aurais perdue?

BAPTISTE.

Non, monsieur.

DUCOUDRAI.

Tu ne l'as pas portée?

BAPTISTE, tombant à genoux.

Non, monsieur, pardonnez-moi, la voilà.

ALPHONSE, lui sautant au cou, pendant que Ducoudrai lui prend la main.

Ah! tu es notre sauveur... mon ami, mon cher Baptiste... je te dois la vie!

BAPTISTE.

Parce que je me suis grisé?

ALPHONSE.

Tiens, voilà de l'argent... voilà ma bourse... voilà de quoi boire.

BAPTISTE.

Non, non, monsieur... j'en ai assez comme cela.

ALPHONSE, appelant au fond.

Mon beau-père... ma belle-mère... toute la famille!

SCÈNE XXII.

LES MÊMES, M. DUMESNIL, entrant par la droite; Mme DUMESNIL, par le fond; CAMILLE, par la gauche.

CAMILLE[*].

Ah mon Dieu! qu'y a-t-il donc?

ALPHONSE.

Ce qu'il y a?... si vous saviez... quel bonheur!... Camille, voulez-vous être ma femme?

CAMILLE.

Si je le veux!...

ALPHONSE, à M. Dumesnil.

Eh bien! rien ne peut plus s'y opposer... nous avons la lettre de l'inspecteur.

[*] M. Dumesnil, Mme Dumesnil, Camille, Alphonse, Ducoudrai, Baptiste.

M. DUMESNIL.

Il a répondu?

ALPHONSE.

Non... il ne l'a pas reçue.

DUCOUDRAI.

Baptiste ne l'avait pas portée.

BAPTISTE, le tirant par son habit.

Ne dites donc pas cela à monsieur.

Mme DUMESNIL.

Il serait vrai? Ce cher Baptiste!... nous reconnaîtrons cela.

CAMILLE.

Va, je ne l'oublierai jamais.

BAPTISTE.

Et moi qui craignais d'être grondé!... (A Camille.) Dès que ça vous est agréable , mam'zelle , j'aurais voulu en boire davantage... mais ça n'était pas possible.

DUCOUDRAI, déchirant la lettre qu'il tient.

A merveille!... nous allons en écrire une autre bien honnête et bien respectueuse.

CAMILLE.

Par laquelle nous refusons.

Mme DUMESNIL.

Et par laquelle nous annonçons que ma fille Camille...

DUCOUDRAI.

Épouse M. Alphonse de Luceval.

CAMILLE.

Ah! ce n'est pas sans peine.

CHOEUR.

Air : Par l'amitié (de LA MANSARDE).

Toujours unis,
Toujours amis,
Passons ici notre existence ;
Que tout chagrin soit oublié
Entre l'amour et l'amitié.

CAMILLE, au Public.

Air de la Sentinelle.

Cette entrevue, où je tremblais d'abord,
Doit vous prouver qu'en toute circonstance,
En mariage, et même ailleurs encor,
On ne saurait avoir trop d'indulgence.
Quoique ici vous connaissiez tous
Les défauts de la prétendue,
Montrez-vous complaisans et doux,
Et n'en restez pas avec nous
A cette première entrevue.

CHOEUR.

Toujours unis,
Toujours amis,
Passons ici notre existence :
Que tout chagrin soit oublié
Entre l'amour et l'amitié

FIN DE LA DEMOISELLE A MARIER.

Paris. — Typ. Walder, rue Bonaparte, 44.

www.ingramcontent.com/pod-product-compliance
Ingram Content Group UK Ltd.
Pitfield, Milton Keynes, MK11 3LW, UK
UKHW021722130726
13696UKWH00006B/2476